Mario Mantese

Plegarias del Manantial Sagrado

AF221185

Mario Mantese

Plegarias
del Manantial Sagrado

Título original: Gebete aus der Heiligen Quelle
© 2020 Edición revisada, Edition Spuren, Bahnhofplatz 14,
CH-8400 Winterthur, www.spuren.ch

ISBN: 978-3-7543-0069-5

Primera edición en español

© 2021 by Mario Mantese
www.mariomantese.com

Traducción al español: Carmen Real
Correcciones generalesy supervisión de contenido: Norma Scheuring
Diseño general del libro y de la portada: Marion Musenbichler
Foto de portada: © fotolia.com/muma, Tierney
Ilustración en el interior:: © fotolia.com/Eva105

Printing and Production by BoD – Books on Demand, Norderstedt

*E*stimada lectora, Estimado lector,

Cuando rezas, invocas a lo divino.

Rezas a lo que descubres dentro de ti: al *Reino*, a la chispa de esa Luz que todo lo supera y que brilla dentro de ti, o como dijo el Maestro Jesús: al *Reino de Dios* dentro de ti.

He escrito estas plegarias para ti. Fluyeron de mi corazón y ahora fluyen ligera y poderosamente hacia tu corazón.

Estas plegarias son más efectivas cuando se leen en voz alta. Cierra los ojos y deja que las palabras actúen en ti en silencio después de cada oración.

¡Que estas Perlas de Luz te den una fuerza inconmensurable, amor, consuelo y una profunda curación!

MM

Luz de todas las luces
Poder de Luz
que irradias
en la profundidad de mi corazón.
Tu inconmensurable Plenitud
me colma de día y noche.
Antes que mis pensamientos
te alcancen
ya estás aquí,
Tú, luminoso Poder ordenador
en mi vida.
Presa de asombro, sin palabras
mi corazón se vuelve hacia Ti.
Cada fibra de mi naturaleza mortal
es embebida en tu excelsa Gloria.

Sagrado torrente de Gracia
sin Ti nada existiría,
pues todo lo que existe eres Tú,
Tú, Gracia protectora,
omnipresente,
inconcebible es tu luminosa Plenitud.
Ilimitada Piedad otorgame la fortaleza
de dejar atrás todo lo ilusorio
y experimentar en mí
la inmensa Belleza
del Infinito divino.
¡Oh, Misericordia!
concédeme el poder
de liberarme de viejos hábitos,
y superarlos.
Sí, sin vacilar y sin dudar
me vuelvo ahora a Ti, Gracia,
hacia esas finas y sutiles
corrientes en mí.

Mi corazón no me pertenece
mi vida no me pertenece.
Mi corazón y mi vida te pertecen a Ti, Dios.
Nada tengo, todo es de Dios,
porque Dios es Todo lo que Es.
Tú, Oh Dios, nunca me has negado
y nunca me has rechazado.
¡Qué gozo, qué bendición!
Dios me ve
porque yo le veo,
Dios me llama
porque yo le llamo.

*Y*a no me concentro en el deambular
de mis pensamientos
y al liberarme descubro la bendición de
una devoción tierna e íntima.
La entrega trasciende mi pensamiento
y disuelve mi hipnótica ignorancia.
Vuelve la calma.
Pensamientos erráticos y destructivos
ya no me atormentan ni me atan,
la devoción me libera,
el Amor es pura Gracia.
Mi corazón está pletórico
del suave Amor que fluye de Ti, Dios.

*L*a Abundancia que vive
en el Amor
atestigua tu Magnificencia,
y la Gloria que Tú, Dios, eres.
El Cosmos todo emerge en virtud de este
Poder de Amor,
a través de este santo Poder,
y en su gracia, de nuevo el Cosmos se disuelve.
Qué maravillosa fuerza reside en la certeza
de ser uno con este Amor inmutable,
y universal,
con esta opulencia inconmensurable.

*E*l divino Fuego arde
en inmensa
Santidad y Bienaventuranza en mí,
el torrente de Luz divina me inunda
con un Poder ilimitado.
¡Qué indescriptible Misterio!
Un torrente en el que fluye
el Universo entero,
un torrente, que es todo el Universo,
un torrente sin principio ni fin.
Cuan sublime es la certeza,
de que fluyo unido a este santo caudal
y que este fluir es
mi vida ilimitada en Ti, Dios.

Mi alma silenciosa percibe
la benevolente Luz de Dios,
y se disuelve en esta Gracia.
Me mantengo alejado
de pensamientos innecesarios y malsanos,
para que la redención
pueda tocarme
y transformarme completamente.
Afluyo de regreso
desde la oscuridad hacia Luz
y claramente veo:
«Dios, tú amas a quien te ama.»

*E*l poder del alma es capaz
de abrir puertas interiores.
Los dones sagrados disponibles
en abundancia
se revelarán en mí
en cuanto pase del orden humano
al Orden divino y experimente
que ambos órdenes son Tuyos,
un *único* Orden sagrado.

El poder del alma no es fuerza de voluntad,
el poder del alma es suprapersonal,
es Amor incondicional.
Me entrego a este Amor absoluto
y sé que todo va a ir bien.
No hay vacilación ni dudas
sino confianza profunda,
porque el Reino de la Luz ya habita en mí.

No vago perdido en el reino de la muerte
solo poque estoy en un cuerpo.
Este campo de existencia
donde florece el tiempo
es una residencia provisoria y pasajera.
Mi verdadero hogar está
en la Luz Primordial
donde habita la Luz de todas las luces.
No vacilo ni dudo más,
porque sé que todo está en Dios,
y Tú , Dios, estás en mí.

Olas de felicidad recorren
cada celula de mi cuerpo,
y tiene lugar una transformación celestial.
Cual dorados rayos fluyen
poderes sagrados en mi corazón
y me despiertan de un sueño milenario.
El divino Poder real me colma y me regala
claridad y transparencia.

Mi alma será poderosamente
consagrada y bendecida,
ahora que he apartado
mi mirada de lo perecedero.
No miro más hacia el pasado
y cruzo los umbrales del mundo efímero.
Sí, ahora entro en mi sagrado Hogar.
Él está en mí.

Resplandeciente de bendiciones,
inundado de Amor puro,
emerjo de la antigua niebla.
No vacilo ni dudo,
un primer pequeño paso,
me conduce hacia la alta montaña.
¡cuan significativo es este primer paso!,
pues lo importante es
que me movilice en mi interior
y lo estoy haciendo ahora.
Tú, el Gran Jardinero,
quita las viejas y pesadas piedras
de mi corazón
y embebes el alma
con agua santificada.

¡**Ah**, que deleite!,
en el vibrante Aquí y Ahora
no hay abismo ni sufrimiento.
Dirijo mi mirada hacia adentro
y contemplo mi Presencia
con ojos apacibles.
No miro hacia atrás porque
no hay nada más
que ver para mí,
solo materiales y pasajeras nimiedades.
No pienso más en el pasado porque
no hay nada más que pensar,
salvo lo que ya he pensado.
Mi corazón descansa en Ti, Dios.

El nutritivo poder de la naturaleza
es sagrado,
mi cuerpo es sagrado,
todo ser viviente es sagrado.
Toda el agua es sagrada,
todos los árboles son sagrados,
todas las plantas son sagradas,
la Tierra es sagrada,
mi existencia aquí es sagrada.
Observo el mundo
con ojos de amor porque
el mundo es el sagrado ropaje de Dios,
y Tú Dios, vives en mí.

Cometer errores es humano
reconocer el error como tal es humano.
Admitir el error como error es humano.
No repetir errores es humano.
No existe un ser humano que no haya errado,
pero si los sin discernimiento.
De ahora en más pertenezco
a los perspicaces y probos
y estoy dispuesto
a perdonar en cualquier momento,
¡esto es humano!
El poder de la conciencia y del perdón
es en verdad sagrado y humano.
Perdonar tan solo un poco no es nada,
perdonar totalmente lo es todo,
—lo veo claro—.
¡Ah, que maravilloso y misericordioso Poder
habita en el perdón!
No vacilo ni dudo, ahora estoy preparado,
para perdonar realmente.

La exquisita fragancia
del perdón brinda paz
y la paz es en verdad sagrada.
Nunca más dejo pasar
una oportunidad de perdonar,
pues las oportunidades perdidas no regresan.
Me perdono a mi mismo
y perdono a mis semejantes,
este es el camino hacia la verdadera paz.
En el perdón y en la paz reconozco
el valor inconmensurable de mi Presencia aquí.
El santo Resplandor
nunca me ha abandonado,
pero mi ojo se ha desviado, y así
mi campo de visión se ha enturbiado.
Por eso ahora reoriento mi mirada
de la oscuridad a la Luz
y atravieso toda sombra.
No vacilo y no dudo,
y me libero de todo lo que me debilita.

Tus poderes divinos obran purificando
y elevando.
Confío en ellos,
porque están más cerca de mí
que las manos y los pies.
No hay un momento
en el que la unión con tus Poderes divinos
y su contacto dentro de mí se
haya interrumpido,
ya que esta Magnificencia plena de luz
dormita en mi corazón.
Ahora le doy la oportunidad de despertar.
Mirar profundamente en mi vida transitoria
en la Tierra
es una maravillosa llamada.
La humilde entrega profundiza la conexión
con las Fuerzas Sagradas y Ordenadoras
que me conducen al Uno inmutable
y de regreso al Hogar.

*E*n el resplandor
de la Abundancia eterna,
en este ilimitado Océano de Luz
se regocija mi alma.
Esta Gloria
está más allá de mi comprensión,
esta Gracia no puede ser expresada
en palabras humanas.
Tú, Luz inconmensurable que todo lo
abraza y que todo lo abarca,
borras todas las sombras y
ambigüedades que hay en mí.
Una profunda gratitud llena mi corazón.

La inmutable Majestad de Dios
es como una suave sonrisa,
una sonrisa
que borra todas mis preocupaciones.
Tú, Dios eterno,
sonríes en mi corazón
y mi corazón te devuelve la sonrisa.

Ahora que mi corazón
se ha vuelto hacia la Luz
un floreciente Esplendor despierta en él.
Este glorioso Poder me transforma
y me hace nuevo.
El viejo dolor del ego se disuelve,
los viejos hábitos se desvanecen.
No dudo ni vacilo
en aceptar e incorporar por completo
este magnífico Florecimiento.
En él descubro el regalo eterno
y experimento como me transforma.
Sí, yo mismo me convierto en lo eterno.
¡Qué inconmensurable gracia!

*S*in vacilar ni dudar,
por la gracia de Dios,
venceré las desvastadoras fuerzas
de la muerte dentro de mí.
Tu Reino de Luz está más
próximo que los pies y las manos,
tu Reino de Luz está en mi interior.
Donde está tu Luz,
se desvanecen las sombras.
Las veo evaporarse dentro de mí.

Autocompasión es otra palabra
para la depresión,
darse por vencido es otra palabra
para el resignarse.
No me resigno, me levanto ahora
y me vuelvo hacia
el inmenso Poder sagrado
que duerme dentro de mí.
Está esperando a ser despertado.
Este Poder sagrado es el que disuelve
la preocupación,
ahora lo veo claramente.
Ya no me preocupo
por mis preocupaciones
y dejo que Tú, la Luz de todas
las luces, guíes mi vida.
Sin dudar y sin vacilar me sacudo
todo lo que me debilita.

Tu Poder sagrado
me ayuda a liberarme
de las redes del sufrimiento.
Nunca más seré confuso y pasivo,
para que Tu Luz
curativa pueda encontrarme.
Sin vacilación y sin duda,
camino hacia la Luz sagrada
y viajo con sus rayos hacia el Sol interior.
Las Aguas sagradas de la vida
fluyen a través de mí,
porque no me desvío.
Todas las compuertas están abiertas
de par en par.

*A*hora veo el tesoro
y la suave Belleza de mi vida
y me levanto renovado
y fortalecido de la tumba
de todos los pensamientos negativos.
Gracias a esto experimento
una profunda transformación.
Sin dudar, sin vacilar,
dirijo mi mirada al inconmensurable
Esplendor que ya habita en mi interior.

*M*iro en lo más profundo de mi ser
y ahora lo entiendo:
Nunca está mal pedir ayuda,
aunque la verdadera ayuda
viene de la entrega de uno mismo.
Y la ayuda siempre llega,
pero normalmente es muy diferente
de lo que uno piensa y espera.
Porque confío mi vida solo a Ti, Dios,
sé que la ayuda
ya está disponible antes de que la pida.
Tu ayuda curativa
y redentora está constantemente
fluyendo hacia mí.
¡Oh, qué maravilloso!,
no necesito querer ni buscar la ayuda divina.
Siempre está *Aquí y Ahora* en mí,
cuando me vinculo por completo
a la Luz de todas las luces.

*E*l viaje a través de las sombras
no es largo
si me inclino, sin vacilación y sin duda,
hacia el Amor puro.
El Amor nunca le habla a mi yo terrenal,
el Amor le habla a mi inteligencia intuitiva.
No es propicio perseguir el Amor Puro,
ni desearlo ni quererlo,
de lo contrario lo sello en mi corazón
e interrumpo su maravilloso flujo.
El esplendor del Amor puro
ya estaba aqui antes de que yo naciera.
También estará aquí después
de que deje mi cuerpo terrenal.
Ahora, vivir conscientemente en
el resplandor del Amor
es edificante y transformador.

*M*irar a través de las decepciones,
ahondar en las viejas historias,
en verdad me ha des-ilusionado.
Sin vacilar más
sin dudar más,
dejo todo
lo que ha pesado en mi corazón.
El viaje a través del desengaño
finaliza aquí y ahora.

Sí, *ahora* estoy listo
para dar un último adiós
a todas las amargas experiencias
que he tenido en mi vida.
Las oscuras huellas gravadas en mi memoria
te las entrego a ti Luces de todas las luces
en ti se desvanecen todas las sombras.

¿Qué puedo hacer yo?
Dejo de engañarme a mi mismo,
de traicionarme, y de compadecerme.
Tengo absoluta confianza
en tu sagrada Luz
que habita en mi interior,
—Tú, Fuente de todo Poder—.
Cuando me ayudo a mi mismo,
Dios me ayuda.

$\mathcal{D}$ejo de
complicarme la vida
innecesariamente
y descubro lo universal
en su absoluta simplicidad
dentro de mí.
Nunca más estaré descontento con mi vida,
porque mi Presencia aquí es
verdaderamente preciosa y sagrada,
y lo que es sagrado descansa en Ti,
¡oh, Dios!

La larga noche termina aquí y ahora.
Siento el flujo de la Luz sagrada
dentro de mí.
Sin vacilar acepto
este glorioso regalo plenamente,
porque lo que se entrega
de esta manera viene de Ti, Dios.
Sin dudarlo, tomo tu mano salvadora
que me saca
del lodo de la mortalidad.
Sí, estoy preparado y *ahora*
me desprendo de mi milenario, gastado,
pesado manto terrenal
y me elevo sobre lo pasado y lo futuro.
La ligereza de estar aquí en Ti, Dios,
retorna a mi corazón.
Los miedos y las preocupaciones huyen
como sombras delante del sol.
¡Qué gloriosa Misericordia!

*L*a puerta del Reino de la Luz
está abierta de par en par,
pero la entrada es estrecha.
Mis dudas y vacilaciones
han creado este estrechamiento.
Ahora que me vuelvo completamente
hacia la santa Luz,
todos los obstáculos
y toda estrechez dentro de mí desaparecen
y me doy cuenta de mi infinitud en Ti,
Luz de todas las luces.

Mañana, el hoy será ya pasado.
Reconozco que no hay nada más
que el Aquí y Ahora,
que este Aquí y Ahora lleva tu nombre, Dios.
La Tierra pura está Aquí y Ahora,
por lo tanto no es posible para mí
vivir separado de esta Tierra pura.
Está dentro de mí e irradia a través de mí.
¡Cuánta Gracia, cuanta Misericordia!

*E*l lugar en el que estoy *ahora*
es el lugar en el que *siempre* he estado.
Lleva el nombre de Dios.
Este lugar sagrado al que quería encontrar,
al que quería ir
ya está realizado en mí.
El daño que sufrí fue cuando,
por desatención,
me alejé de ese lugar sagrado interior,
de Ti, Dios.
Ahora estoy atento y observo
cuidadosamente adonde voy y donde vivo.

Despierto en el poderoso Resplandor
de Dios,
despierto en el Amor universal.
Ahora reconozco mi noble origen en Ti,
¡oh Dios!
La noche de la muerte
no fue más que un sueño,
del cual ahora por fin me despierto.
Descubro una Belleza inconmensurable
y un poder sagrado infinito dentro de mí.
¡Cuanta Gracia!
Ni las preocupaciones
ni los miedos tienen poder sobre mí,
porque ya no los alimento
ni los animo con el poder del pensamiento.
Libre de cargas y sin preocupaciones
vuelvo a la ligereza de mi Ser.
Nunca más abandonaré
lo ilimitado dentro de mí.

Mi forma terrenal anhela la
renovación, la transformación.
El poder divino me abraza,
el Poder divino me llama
y me lleva a Casa.
El brillante Rayo que toca mi corazón
es esa voz santa que me llama.
La escucho,
la acepto sin vacilar y sin dudar.

Cuando quise seguir un camino interior,
me enfrenté con mucha resistencia
y nunca llegué a mi meta.
El camino nunca fue el objetivo.
He abandonado completamente
la idea de un camino
y de un propósito.
La Gloria de Dios me llena,
No encuentro satisfacción en mis acciones
sino en la Quietud de mi corazón.

*E*n medio del valle de la muerte
resplandeces en mi corazón, Tú,
Luz divina.
Finalmente puedo percibirte y aceptarte.
He dudado y vacilado demasiado tiempo.
Las resistencias han encubierto
de sombras mi visión y mi corazón,
pero ahora elevo mi mirada limitada
y mis resistencias
y permito que el Espíritu de Amor,
El Espíritu de Redención
toquen, despierten y guíen mi corazón.

36

Las cadenas de la tristeza y el miedo
sumergieron mi corazón en la oscuridad.
No importa cuan temibles
parezcan las tinieblas,
los Rayos de la Luz divina
están siempre cerca de mí
y resplandecen en mi alma
a través de las pequeñas grietas.
Abro mi corazón de par en par
y dejo entrar en él
a la santa Luz.
Gracias por la disolución del dolor,
de las penas y del temor.

*D*onde hay una fuente,
allí acuden a beber las criaturas vivientes.
Tengo sed,
bebo hasta saciarme.
La fuente permanece
siempre llena hasta
los bordes,
en verdad el agua sagrada
existe en abundancia.
El Agua de Vida se entrega
a si misma a todos por igual,
anega mi corazón.
Yo bebo tanto cuanto puedo.

Yo me sumerjo en el Silencio
en la Dulzura
sin límites de mi alma.
La corriente de Misericordia,
sin principio y sin fin,
es el Manantial de toda Gloria.
Me sumerjo y desaparezco
en el Océano divino,
en el eterno Aquí y Ahora.
Mi corazón es libre de todo deseo,
de todo querer, y sin conflicto.
El Amor Universal fluye en mí
y a través de mí.
Nada sucede mañana,
todo es ahora.
Yo *soy Ahora*.

*S*er activo yo mismo
es la mejor manera de ayudarme,
estableciendo *ahora*
el curso para hacer correcciones en mi vida.
De que me sirve suplicarte
a Ti, Dios, para que me asistas
si yo mismo
permanezco pasivo y obnubilado.

Sí, *ahora* estoy dispuesto para
la gran Renovación,
asumo totalmente la responsabilidad
y tomo las riendas de mi vida.
Dado que no vacilo, ni espero, ni dudo,
estoy seguro y confío en tu divina ayuda.
Con brío atravieso mi oscuridad interior
y reconozco la inconmensurable gloria
de mi existencia.

Reconozco el poder
que reside en la entrega
y confío en la Luz de todas las luces.
Toda inercia, toda duda y toda vacilación
la dejo atrás, si no es *ahora*, ¿cuándo?

Yo pienso en una dirección,
miro en una dirección
y vivo en una dirección.
De allí surgieron mis hábitos.
Me acostumbré a mis semejantes,
y deseé que ellos también
se adaptaran a mí.
Pero los hábitos me hicieron rígido
y apagado,
ahora lo veo.

Es por eso que estoy empezando
a desprenderme suavemente.
Al desprenderme, me es posible
vivir libre y abiertamente en comunión
con todos los seres vivos,
sin acostumbrarme a nada ni a nadie.

Cuanto más me desprendo
de lo individual,
más ilimitadamente vives Tú,
oh Dios, en mí.
Sin embargo,desprenderse no significa
separarse de un ser humano,
sino disfrutar de la unión libre
sin hábitos cristalizados.

Supero cualquier tipo
de negatividad en mí,
cualquier actitud negativa hacia la vida.
Nunca más voy a pensar: «No puedo»,
de lo contrario me hundo
en viejos estados insalubres,
que me debilitan.
Permanezco vigilante y pleno de vida.
Esto me resulta fácil porque sé
que Tú, Dios,
estás realmente cerca de mí y me guías.

*A*bsorbo e integro
el inconmensurable Amor
que en mí habita,
este Amor incondicional es mi Hogar,
lo veo con claridad.
Nunca lo he abandonado,
y él asimismo nunca me ha abandonado.
Yo estoy siempre Aquí y Ahora,
y *Él* está siempre Aquí y Ahora.
El Amor divino resplandece
en mi corazón.
Y éste descansa en Ti, Dios.
Así vivo *ahora* en consonancia
con el Amor divino, y esto es bueno.

Quien ama a Dios, Dios lo ama.
El que ama a Dios
vive en la Luz de Dios.
No dudo, ni vacilo y vuelvo
mi mirada plenamente
a la Luz de todas las Luces.
Las sombras de la muerte
ya no pueden alcanzarme,
porque mi hogar está en Ti,
Luz de todas las luces.

En silencio me sumerjo en la Luz divina,
en el Océano de la plenitud y la felicidad.
Ahora permanezco vigilante y ya no
doy a mis pensamientos la oportunidad
de crear una separación dentro de mí.
Ya no los dejo vagar constantemente entre
el ayer y el mañana.

Vivo aquí y ahora, inmerso
en el Amor universal,
la dicha y la alegría sin causa.
Nunca más
la dicha y la alegría me abandonarán,
porque *ahora* soy un ser despierto y vigilante.

Las antiguas limitaciones
han desaparecido,
el arduo camino ha concluido,
el viejo sueño se ha disuelto.
¡Ah, que maravilloso,
por fin de nuevo en mi Hogar!
Yo respiro y vivo en Ti,
Luz de todas las luces,
asombrado y conmovido
por el ilimitado Amor divino,
que se me revela.
Mi alma descansa en paz.

*S*in vacilaciones me uno
a la Luz de todas las luces.
Nada me faltará,
no sentiré carencia alguna.
En Ti, Luz de todas las luces, llegarán a su fin
todas mis preocupaciones, y mis miedos.
Mientras vagaba en el valle
de las sombras y de la muerte,
Tú estabas siempre conmigo.
Todas las dudas se desprenden de mí,
y se disuelven
porque Tú, ¡oh Luz Eterna!,
has penetrado mi corazón.
A través de Ti experimento
transformación y resurrección.
Tú renuevas mi alma
y me otorgas Vida eterna.

Yo pensaba que yo estaba aquí,
y Tú allí ¡oh Dios!,
hasta que en tu Misericordia disolviste
esta limitación dentro de mí.
Y ahora camino en tu Gracia
y respiro tu Gloria.
El avanzar a ciegas y de prisa en la vida
cotidiana ha concluido.
Yo estoy en mi Hogar,
en el Silencio,
por fin.

De un secreto manantial bebo el agua
que la Vida eterna ofrece.
El torrente sagrado purificó el viejo mundo
y reveló dentro de mí
una Abundancia ilimitada.
La noche terrenal ha dado paso al
resplandor de la santa Aurora,
el antiguo brillo
se ha desvanecido para siempre.
Estoy eternamente Aquí y Ahora,
en la luminosa plenitud de Dios.

*P*orque te he permitido a Ti, ¡oh Dios!,
entrar por completo en mi corazón,
Tú, en tu divina Misericordia
me has abierto de par en par el portal
hacia el Océano de Sabiduría.
Mi mente no hubiese sido
capaz de acercarse
a este Océano de Verdad,
ahora me doy cuenta de esto.
Mi pensamiento y mi querer comprender
fracasaron ante los fijos límites de mi saber.
Sí, Dios no se deja ser pensado,
ni analizado, ni comprendido.
Solo el profundo e indubitable Amor a Ti
—Santo de los Santos— en mi corazón
es la llave que puede abrir
el portal al Océano de la Sabiduría.

Me he dado cuenta de como
mi autocomplacencia y mi viejo egoísmo
me ponen delante
pruebas y obstáculos.
A partir de ahora
permanezco vigilante y alerta
para desenmascarar
las falsas y egocéntricas fuerzas
y sus efectos.
Ahora que mi corazón
está por completo dirigido y unido a Ti,
Luz de todas las luces,
entender, desenmascarar
y superar estas fuerzas, es simple
y sucede sin esfuerzo.

50

¡Gran alegría inunda mi corazón!,
suavemente mi conciencia
comienza a liberarse,
a desprenderse del laberinto
de mis oscuros
e innumerables pensamientos.
Fluyo de regreso al Santo de los Santos
y recibo pacientemente
la gran Purificación,
sin dudar,
sin vacilar,
en completa confianza.

La fuerza de gravedad
de mi vieja y monótona vida
en mi cuerpo físico
me arrastra hacia abajo y me
separa de Dios.
¡cuánto dolor!
¡cuánto sufrimiento!
Dirijo mi mirada a mi luminoso
Hogar espiritual
y te veo a Ti, ¡Oh Dios!
¡Bendito seas!
no hay límites,
nada obstaculiza
el unirme por completo a Ti
¡Tú, Luz de todas las luces!

La suave Luz de Dios
es el Poder que penetra todo el Cosmos
Disuelve mi vieja voluntad,
y me guía en ilimitadas,
y ligeras vastedades.
Fluyo en paz con este santo Cauce,
que no tiene ni principio ni fin,
y me disuelvo en este sagrado Poder.
Mi corazón se abre,
yo lo permito.
Tu sagrado Torrente de Luz me transporta
a lo largo de mi vida
y la moldea de nuevo.
Yo lo permito.

*M*i corazón henchido de Luz
descansa en un profundo silencio,
él ha entrado ya en el sagrado Torrente,
cuan miles de dorados soles
se desvela el Gran Misterio,
impensable e inconmensurable.
Sanación y santificación,
resplandecen a través de mí,
Sanación y santificación me transforman.
Silenciosamente fluyo de regreso
al océano de Sabiduría.

A veces no estoy bien
ni me siento bien, y sufro.
No obstante *ahora* no dejo que
ni la tribulación ni la pesadumbre
me encadenen al cuerpo y al mundo,
porque no son ni el cuerpo
ni el mundo los que sufren,
sino *yo* padezco.

Me levanto y camino interiormente
hacia el Manantial sagrado.
Vivir padeciendo no puede ser ciertamente
el sentido de mi vida,
por ello me dirijo ahora a Ti, Dios,
el supremo Sentido.

No me quejo, ni me compadezco.
Con fortaleza y decisión
dejo atrás mi antiguo dolor interno.
Me sumerjo en el Manantial sagrado
y fluyo de la oscuridad a la Luz.
Mi Hogar originario
está siempre *aquí y ahora,*
es el santo Manantial.

Ahora comienzo a escuchar
lo que hay detrás de mi yo,
lo que está detrás de mi pensamiento.
Ahora seré consciente
de mi Vitalidad universal en Ti, Dios,
veo como se disuelve lentamente
el negro velo de mis yoes.
La santa Luz irradia en el Centro.
Las tinieblas de la periferia externa
en realidad no existen.
La luz en el Centro es mi verdadero Hogar.
No ofrezco ninguna atención
al país de las sombras.

*E*l egoísmo me guió
por caminos equivocados,
el comportamiento egoísta me debilitó.
Con valentía,
miro detenidamente
mis antiguos patrones de comportamiento
y *ahora* me alejo
de ellos de forma consecuente.
¿Qué sucede entonces?
El antiguo muro de contención se derrumba
y el agua bendita fluye libremente
por todas partes.
Nunca más avivaré ni alimentaré
viejas historias pasadas con poder mental.
El no hacer más esto trae Redención.

*N*o dejo que cosas sin importancia
ocupen sitio en mi vida,
porque mi vida es muy valiosa para eso.
¿Cuántos días preciosos sobre la Tierra
he desperdiciado en ocupaciones banales?
El Momento es *ahora* cuando me acerco
y entrego mi vida
a la omnipotencia de Dios.
Tu Misericordia, ¡oh Dios!,
despeja todos los obstáculos en mí
e ilumina mi alma.
Regreso a mi sagrado Hogar,
a ese singular ámbito
más allá de la Vida y de la Muerte.

*E*l indolente no podrá regresar
y permanecerá atascado
en el pantano del tiempo.
No, no deseo pertenecer a los indolentes
porque mi amor a la Vida,
y mi amor por Ti, ¡oh Dios!
es grande e intenso.
Este amor es la Luz
que ilumina mi camino
y barre de mí toda indolencia.
Para *amar* la Vida, para *amar* a Dios
no se necesita ningún esfuerzo especial.
A través de la mirada atenta
y la sutil escucha en la vida
la gloria de Dios se revela en las pequeñas
cosas de lo cotidiano.

La santa Luz irradia pordoquier,
siempre, eternamente.
¿De qué me sirve haber leído
sobre la santa Luz?
¿De qué me sirve pensar sobre la santa Luz?
¿De qué me sirve hablar sobre la santa Luz?
¡Absolutamente de nada!
Si no estoy de verdad dispuesto a entregarte
mi Vida a Ti, Luz de todas las luces.
Por ello ahora me uno completamente,
y en silencio,
a Tu santa y sagrada Luz.

Apacible y clara
la Luz de todas luces
ha encontrado facilmente mi corazón
y me ha transformado.

*P*udiera ser que
mi cuerpo fuese incurable,
enfermo o discapacitado.
No desespero y ya no permito
que los pensamientos me arrastren
a oscuros abismos.
Ahora me levanto
de mis sombras y debilidades internas
y me alineo con mis fortalezas internas.

Sí, ellas están en mí, esos santos poderes
que Tú, Dios, me regalas.
Sin dudar, acepto estos sublimes dones
y me dirijo enteramente a Ti, el Dador.

Mi ser más íntimo, mi alma resplandeciente,
nunca se ha visto afectada por la enfermedad
y la discapacidad,
lo veo claramente,
lo sé con certeza.

Toda mi atención se centra
en el Manantial sagrado,
que burbujea en lo más
profundo de mi corazón.
A este Manantial volveré después
de mi muerte física,
pero *ahora* ya vivo gracias
a este glorioso Manantial
y estoy embebido y alimentado
por sus Aguas sagradas.

Una falsa comprensión
me ha conducido a falsas acciones.
Ahora que mi corazón se ha aclarado
y se ha volcado hacia Dios,
siento arrepentimiento.
Arrepentirse significa entender.
El entender me muestra que una vez que
me doy cuenta de mis errores
no los habré de repetir.
Este cese conlleva la redención
del falso comprender y del falso actuar.
Cada buena intención
será apoyada y acompañada
por el torrente de Misericordia,
por ello confío mi vida a Ti, ¡oh Dios!

Reconozco que cada respiración
es un regalo sagrado,
que cada pensamiento luminoso
es un poder santo.
Mi Presencia es en verdad
un regalo sagrado.
Sin vacilar,
sin dudar,
acepto completamente esta gloriosa,
santa Gracia.

No, no miro hacia otro lado,
no, no me preocupo egoistamente
solo por mi propia vida.
Cuando miro hacia otro lado,
no veo nada,
y cuando nada veo,
mi vida es apagada y penosa.
No, yo miro y veo el mundo
con los ojos del Amor.
Veo a mi prójimo y a la santa Tierra
con ojos apacibles.
Miro porque *no* me son indiferentes
ni el mundo ni mi prójimo.

Luz de todas las luces,
Tú iluminas y nutres con tu Luz
a todos los seres vivientes.
Bendice, sana y redime a todos, las lectoras
y lectores, ahora y por toda la Eternidad.

De corazón a corazón

- Maestro M -

Mario Mantese

Direcciones de contacto e informaciones sobre los
Encuentros y Darshans
con el Maestro «M»

En Alemania:
Herbert und Eva Werner
Am Keltenwall 8
D-93309 Weltenburg
E-Mail: organisation.mantese@gmx.de

En lengua alemana en Suiza
Renate Schmidlin
Im Guet 16 – CH-8172 Niederglatt
E-Mail: organisation.mantese@gmx.ch

En lengua francesa en Suiza
Yolande Favre, Franco della Corte
Case Postale 51 – CH-2533 Evilard
E-Mail: organisation.mantese@bluewin.ch

Para más información
visite la página del Maestro «M», bajo:
www.mariomantese.com

**Al Maestro «M» solo se
lo puede ver durante los Encuentros y los
Darshan. El Maestro «M» no recibe a nadie en
privado. Tampoco está disponible por teléfono.**

En el País del Silencio

Majestuosas montañas, cimas nevadas, algunas de más de siete mil metros de altura, un paso de alta montaña que espera ser cruzado y todavía tiene que superar, más allá, detrás en la altiplanicie debería encontrarse él: el Maestro.

En el Himalaya, el narrador se lanza a la búsqueda de un legendario sabio, quien, cual eremita, habita una gruta en las montañas y lleva una vida frugal pero en su espíritu abarca tiempo y mundos. Después de un fatigoso y largo caminar se produce el encuentro previsto por el destino. Guiado por el Maestro desde lo visible y lo invisible, el buscador penetra en el país del silencio. Se abre para él una dramática comprensión: «De un sólo golpe, en la fracción de un segundo mi mundo quedó reducido a un montón de cenizas. Un poder desconocido me apremiaba a profundizar aún más. Todavía tenía que poner en tela de juicio el restante montoncillo de cenizas.»

En un proceso de transmutación interna el autor hace una profunda transformación. Los métodos poco convencionales del Maestro lo arrojan de regreso a sí mismo y le quitan toda certeza. En una esfera entre lo diurno y lo onírico, entre el día y el sueño, se le revela la verdad de ser pura Luz y un «darse cuenta de», sin desear ser, retener o poseer lo observado, sólo Presencia. El lector será invitado a un viaje extraordinario a través de la vastedad del mundo de las montañas y experimentará encuentros con diferentes clases de elevados Maestros.

ISBN: 978-3-7357-0716-1   Editor: www.bod.de/www.bod.ch

En el Corazón del Mundo

Autobiografía del Maestro M

Mario Mantese fue un músico muy exitoso. Tocó como bajista en la banda americana de funk y soul «Heatwave». En 1978, cuando abandonaba una noche de gala en Londres, un cuchillo alcanzó el centro de su corazón. Antes de que fuese reanimado y su corazón abierto hubiera podido ser operado, estuvo clínicamente muerto varios minutos. Después de casi cinco semanas en coma despertó en un cuerpo totalmente paralizado, ciego y sin poder articular palabra. A pesar de todo ello, al mismo tiempo le fue dada la profunda comprensión de que el hombre sigue viviendo sin el cuerpo y de que en realidad la vida nunca es un acontecimiento sujeto a lo corporal. Comprendió que no existía ni la muerte ni el tiempo. Éste «darse cuenta» produjo en él una resurrección solar, un volver a nacer del Espíritu.

Durante más de veinte años ha estado brindando sus vivencias y conocimientos a través de sus libros, Darshans y Encuentros.

En el Corazón del mundo. Autobiografía del Maestro «M»
Este singular libro es, en el sentido más verdadero de la palabra, un viaje de descubrimiento a mundos internos y recónditos. Lo que ha visto, vivido y experimentado en estos mundos sobrenaturales es fascinante y simplemente incomprensible para la mente humana. Sus contactos con varios maestros y la forma en que se produjeron son intensos y conmovedores, y permiten al lector participar en profundidades de vida inimaginables y en la revelación del impersonal y cósmico Maestro «M».

¡Un libro original y único en el ámbito de la literatura espiritual!

ISBN: 978-3-7528-4812-0   **Editor: www.bod.de/www.bod.ch**

En la Luz de una gran Alma

Milagros y prodigios del Maestro M

«Cuando el estudiante está listo, el maestro no está lejos... ...porque el que está verdaderamente listo para fluir de regreso, manifiesta puros y santos poderes que ponen en movimiento el Cielo y la Tierra. A través de ellos, todas las cosas transitorias y capciosas se borran, y lo que estaba enfermo se cura», escribe Mario Mantese en el libro *Leben endet nie* (La vida nunca termina).

El presente libro ligeramente revisado se publicó por primera vez hace muchos años. Son maravillosos, incluso impactantes los informes de personas que han entrado en contacto con el Poder de la Luz del Maestro «M». La brillante realidad que es el Maestro «M» es capaz de revelar el propio camino espiritual de la vida de cada individuo. Miles de personas han sido tocadas por la *Luz de una gran Alma* en los encuentros con el Maestro «M» y su trabajo universal da a este libro una profundidad intemporal.

ISBN: 978-3-7519-9495-8   Editor: www.bod.de/www.bod.ch